LES DERNIERS MOMENTS

DU

R. P. H. D. LACORDAIRE,

PAR UN RELIGIEUX

DE L'ORDRE DES FRÈRES PRÊCHEURS.

PARIS,

Vᵉ POUSSIELGUE-RUSAND,
Libraire,
Rue Saint-Sulpice, 23.

TOULOUSE,

CHARLES DOULADOURE,
Imprimeur-Libraire,
Rue Saint-Rome, 39.

1861.

Un Comité doit se former pour présider à la publication des Lettres du R. P. Lacordaire. Cette correspondance, très-étendue et très-variée, réunie ainsi dans les mains des amis les plus intimes de l'illustre défunt, paraîtra avec plus d'ensemble, plus de méthode et d'intérêt. En attendant, l'Ordre recevra avec reconnaissance la communication de ces Lettres, particulièrement de celles qui ont trait à la direction des âmes.

Adresser au T. R. P. Provincial des Dominicains, rue de Vaugirard, 70, à Paris.

LES DERNIERS MOMENTS

DU

R. P. H. D. LACORDAIRE.

Le Révérend Père Lacordaire est mort ! Qu'il soit permis à une main pieuse de déposer une couronne sur sa tombe.

D'autres viendront après celle-là, plus dignes assurément d'une telle vie et d'une telle mémoire. Les uns diront ce qu'il fut dans sa vie publique, dans ses luttes pour la liberté de l'Église, dans ses travaux apologétiques ; quelle part il a prise dans le mouvement religieux de notre siècle, quelle heureuse influence il a exercée sur la jeunesse ; les autres diront ce qu'il fut dans l'amitié, ce qu'il fut jeune homme, prêtre, orateur, religieux, fondateur et restaurateur d'Ordre. Nous souhaitons vivement que la lumière se fasse pleine et entière sur cette belle et grande existence. Nous souhaitons que tous ceux qui l'ont connu plus intimement et ont touché de plus près à son âme disent de lui ce qu'ils pensent et ce qu'ils savent. Ce n'est pas notre piété filiale seule qui parle ainsi ; ce n'est pas non plus le seul désir de voir cette pure mémoire sortir enfin des ombres légères où son humilité et l'injustice de temps déjà loin de nous l'avaient retenue captive aux yeux de plusieurs, c'est encore la pensée qu'il y aura profit pour tous à s'éclairer à cette plus vive lumière, et qu'après avoir voulu et fait beaucoup de bien pendant sa vie, il est appelé à en faire encore beaucoup après sa mort.

Pour nous, notre désir est plus modeste : nous voulons raconter simplement les derniers instants de notre Père ; nous voulons donner à ses enfants et à ses nombreux amis la consolation que nous avons eue nous-même de savoir comment il est mort. Les moindres détails ont de l'intérêt lorsqu'ils se rapportent à la mort d'un homme illustre ; combien plus lorsque l'admiration qu'il a su inspirer par son talent est dominée par la sympathie pour sa personne ! Or, si notre affection ne nous abuse, le Père Lacordaire est un des hommes de ce siècle auquel a été payé plus généreusement ce double tribut, de la justice pour son génie, de l'inclination vers l'idéale beauté de son caractère. C'est à ce dernier sentiment, si universel en France pour le nom de notre Père, que nous demandons de payer notre dette. C'est à ce sentiment que nous demandons notre excuse. Il y a témérité pour nous, nous le savons, à oser parler en public du Père Lacordaire, même en quelques pages ; et cependant nous nous sentons à l'aise : c'est que le fils qui pleure son père n'a pas le respect humain de sa douleur, et qu'en face de la mort, l'indifférence elle-même devient indulgente.

D'ailleurs, le dernier déclin de cette vie fut bien simple. Ceux qui s'attendraient à trouver ici quelque chose qui ressemble à la mort de Socrate, seront étrangement surpris. Depuis que Notre-Seigneur Jésus-Christ a expiré sur la croix, les vrais sages ne meurent plus comme Socrate. Et puis, autant le Père avait de dignité, souvent même de majesté en chaire, dans son style, toutes les fois enfin qu'il portait la parole devant le grand public, autant dans sa vie privée il était simple, ennemi de toute recherche, de toute emphase. Il suffisait qu'il s'aperçût qu'on voulait amener la conversation sur des sujets où son esprit aurait pu paraître avec avantage, pour qu'il se tût ou parlât des choses les plus vulgaires. Dans les derniers temps surtout, cette horreur pour toute ostentation s'était encore accrue. Le jour de sa fête, quelqu'un fit un discours où l'éloge, tempéré de beaucoup de délicatesse, ne lui était pourtant pas ménagé. On lui demanda ce qu'il pensait de l'orateur, et s'il n'avait pas habilement parlé. « Oui, dit-il ; mais il m'a fait des éloges : cela m'en- » nuie. »

Sa mort fut donc simple comme sa vie. Il n'eut pour cela qu'à suivre la pente de sa nature. Le seul soupçon que ses paroles eussent pu être recueillies comme de celles qui se publient et qui restent, ont suffi pour qu'il évitât d'en prononcer.

Les premiers symptômes de la maladie qui nous l'a ravi se sont manifestés en janvier 1860. Il revint très-fatigué d'un voyage à Paris où l'avait appelé

son élection à l'Académie française. De retour à Sorèze, il fut pris d'un rhume qu'il négligea de soigner. Il jouissait d'une santé parfaite depuis qu'il
était revenu d'Italie avec la robe de Frère Prêcheur.
Sa constitution, jusque-là frêle et délicate, s'était fortifiée; il ne la ménageait pas. Malgré sa fatigue, il
voulut prêcher, chaque semaine du carême, dans la
chapelle du collége. Depuis que sa parole n'allait plus
aux grandes multitudes, il la donnait avec le même
soin et le même amour à son jeune auditoire. La prédication était partagée entre trois ou quatre religieux;
il parlait à son tour. Pendant le carême, il prêchait
une fois par semaine. Il n'avait pas deux manières de
comprendre la parole publique; c'était, avec la diffé-
rence des âges et des idées, le même feu, la même
véhémence, les mêmes transports : c'était toujours
l'orateur de Notre-Dame. Il arriva à la fin du carême épuisé de forces. Pendant la semaine sainte,
il fut obligé de garder le lit, et tomba dans un état
de grande faiblesse qui commença à nous donner de
sérieuses inquiétudes. Ce fut le premier coup du mal.
Il s'en releva, mais jamais complètement.

A la fin du mois de mai, il devait prêcher à Saint-
Maximin, près de Marseille, le panégyrique de sainte
Marie-Madeleine, à l'occasion de la solennelle trans-
lation de ses reliques. Il s'en faisait une fête à bien
des titres. Il regardait la fondation de ce grand couvent d'études comme l'œuvre capitale de son second
provincialat. Il avait écrit avec son cœur un petit
livre sur sainte Madeleine. Il eût été heureux de

parler d'elle comme il en avait écrit. Huit Evêques devaient assister à cette solennité; on s'y était rendu de très-loin. Il y avait si longtemps que sa parole ne s'était fait entendre ! On avait des pressentiments; on était venu de Paris recueillir les derniers éclats de cette voix qui s'éteignait.

Avant de partir, il consulta le médecin de l'École, qui, le voyant si faible, chercha à le détourner de ce voyage. Il partit cependant. Arrivé à Montpellier, se sentant plus fatigué, il consulta encore, et rencontrant les mêmes oppositions et les mêmes craintes, il rebroussa chemin et revint à Sorèze.

Le lendemain , 20 mai, il écrivait à tous les Prieurs de son ordre : « Mon très-révérend Père,
» après avoir lutté pendant trois mois contre un affai-
» blissement progressif de mes forces , j'ai dû, sur
» l'avis unanime de médecins graves et consciencieux ,
» reconnaître l'impuissance où je suis de suffire à
» toutes les parties du gouvernement qui m'est confié.
» En quittant l'école de Sorèze, j'allégerais ce fardeau
» sans doute , mais très-légèrement et en compro-
» mettant peut-être l'œuvre naissante du Tiers-ordre
» enseignant de Saint-Dominique , que je crois liée
» aux destinées futures de notre Ordre et aux vues
» de Dieu sur lui. Obligé donc de chercher d'un
» autre côté un dégrèvement à mes charges, sous
» peine de voir ma santé péricliter de plus en plus,
» j'ai pensé à me donner un Secrétaire et un Visiteur;
» un Secrétaire pour abréger ma correspondance; un
» Visiteur pour m'épargner deux mois de voyages et de

» fatigues considérables , au moment même où il
» pourrait m'être permis de me reposer un peu des
» fatigues de l'année.

. . . .

» Je suis persuadé, mon très-révérend Père,
» qu'en usant ainsi d'un droit accordé au Provincial
» par nos constitutions, je ne causerai aucun déplaisir
» à la Province, et qu'elle y verra une preuve du désir
» où je suis de la servir malgré la diminution de mes
» forces causée par l'âge et le travail. Il y a trente ans
» que ma carrière publique a commencé, et il y en a
» vingt et un que je consacre mon temps, mes efforts,
» ma parole et ma plume, au rétablissement et à
» l'affermissement de notre saint Ordre en France.
» Il doit m'être permis, sur le déclin où j'avance
» chaque jour, de retrancher quelque chose de mon
» fardeau, et d'obéir ainsi aux conseils d'une pru-
» dence sans pusillanimité. »

On sera touché, je pense, en lisant ces lignes,
comme nous l'étions nous-mêmes en les recevant ;
on sera touché de voir comment il hésitait à prendre
le repos dont il avait si grand besoin, comment celui
qui était pour nous plus qu'un supérieur, un père,
nous demandait humblement à nous, ses enfants, de
ne pas être surpris si, sur le déclin où, hélas ! il
avançait plus vite qu'il ne croyait encore, il se
permettait d'alléger son fardeau.

Il comprit qu'il était gravement blessé. Le 28, il
écrivait, à propos de ce contre-temps de Saint-Maximin :

« C'est la première fois que mon corps a résisté à ce
» que je voulais (1). »

Il consentit alors à se soigner pendant l'été ; on
l'envoya à Rennes-les-Bains. On espérait que ces
eaux réagiraient efficacement contre l'épuisement des
forces. Il y fut rejoint par M. l'abbé Henri Perreyve,
qu'il avait distingué autrefois au milieu de tant d'autres jeunes gens au pied de sa chaire de Notre-Dame,
qu'il avait deviné et aimé.

Il resta trop peu de temps à Rennes pour que le
traitement eût son effet. Mais ce régime de baigneur
lui était à charge ; ce n'était plus sa vie régulière et
occupée, ce n'était plus son Sorèze Il partit au bout
de trois semaines. En revoyant la Montagne-Noire :
« Ah! dit-il, que j'aime à respirer l'air de Sorèze! »

Un mieux passager lui fit illusion un instant. Il
crut que ses forces lui étaient rendues. Il écrivait, le
12 août : « Ma machine est très-bonne encore, mais
» elle a besoin de ne plus être secouée comme
» autrefois. »

Au mois de septembre de la même année, il se
rendit à Flavigny pour présider une réunion des
Prieurs de la Province et se choisir un Vicaire provincial.

-----

(1) Nous ne dirons pas les noms des personnes à qui étaient adres-
sées les lettres dont nous citons des extraits. Nous avertissons seulement que nous avons les originaux sous les yeux. Nous regrettons
qu'on accueille trop légèrement, et qu'on prête au R. P. Lacordaire
des pensées qu'il n'a jamais eues, des paroles qu'il n'a jamais dites.

Il écrivait à cette occasion :

« Mon très-révérend Père, la Congrégation inter-
» médiaire de la Province réunie à Flavigny, le
» 1ᵉʳ septembre de cette année, a bien voulu prendre
» en considération l'état de faiblesse où je suis tombé
» depuis plus de six mois, et qui, de l'aveu unanime
» des médecins, exige un grand repos, un travail
» très-restreint, des soins prolongés. Elle m'a, en
» conséquence, autorisé à me désigner un Vicaire
» provincial auquel je confierai l'administration de la
» Province, jusqu'à ce qu'il plaise à Dieu de me rendre
» les forces et la santé.

» Je n'aurais pas cru, sans cette autorisation préa-
» lable, pouvoir imposer à la Province, pendant un
» temps indéterminé, le gouvernement d'un supérieur
» non élu par elle ; mais la sanction unanime des
» Pères de la Congrégation ne m'a laissé aucun doute
» sur la légitimité et l'opportunité de cette mesure. »
. . . .

« Je ne cesserai ainsi, tout en étant déchargé du
» détail administratif, de veiller aux intérêts, aux
» besoins, à la prospérité spirituelle et temporelle de
» la Province, qui ne cessera de m'être présente et
» d'occuper toutes mes pensées. »

En dépit de sa faiblesse croissante et de nos sup-
plications réitérées, il ne sut pas prendre de repos
absolu. Cette demi-mesure s'accordait mal avec le
sentiment de sa responsabilité et avec sa passion
d'esclavage au devoir, à laquelle il sacrifiait tout. Il

continua de gouverner la Province. Il ne devait rendre les armes qu'à bout de forces, non de courage, et la veille de sa mort.

Le 24 janvier 1861, Paris le revit, on se souvient avec quel empressement. Lorsqu'il parut dans l illustre enceinte, et qu'on le vit, plus pâle que sa robe, aller s'asseoir sur ce fauteuil qu'il ne devait honorer qu'une fois, on put croire qu'il subissait l'émotion de ce surprenant triomphe. Non ; il venait, soldat blessé à mort au service de l'Église, déposer sur le front de sa mère, la couronne qu'il recevait de la France. Ce n'est ni le lieu, ni l'heure de dire à ceux qui ne l'ont pas compris, pourquoi il entra à l'Académie. Il nous suffit de rappeler que la France, à de rares exceptions près, s'associa à *la joie et à l'orgueil du spectacle que l'Académie offrait en ce moment à tous les yeux* (1). Il nous suffit de rappeler qu'en recevant, moins pour lui que pour sa cause, des suffrages qu'il n'est permis de dédaigner qu'en France, il plaçait de ses mains la clef de voûte à l'édifice de toute sa vie : la réconciliation de son siècle, de son pays, de la science, de la liberté, avec la foi catholique, et qu'il n'était entré dans ce temple de toutes les gloires littéraires que pour y être *le symbole de la liberté acceptée et fortifiée par la Religion* (2).

----

(1) Discours de M. Guizot.
(2) Discours du R. P. Lacoordaire.

Il revint à Sorèze assez fatigué pour se voir obligé de renoncer à la confession des élèves. Cependant, il prêcha encore pendant le carême, selon son habitude, une fois par semaine.

Il prit pour thème de ses Conférences le *Devoir*. C'était une idée qui lui était chère entre toutes, non-seulement parce qu'il l'avait creusée, mais parce qu'il la pratiquait depuis son enfance. Il montra à ces jeunes gens que le devoir est la plus grande et la plus généreuse des idées : la plus grande, parce qu'elle implique l'idée de Dieu, l'idée de l'âme, de la liberté, de la responsabilité, de l'immortalité ; la plus généreuse, parce qu'en dehors d'elle il n'y a que le plaisir et l'intérêt. — Le devoir est encore la plus grande force pour résister, pour agir. Il est la source de la véritable élévation, dont voici les degrés : les honnêtes gens, les hommes d'honneur, les magnanimes, les héros, les saints. La sanction du devoir est dans la justice des tribunaux, la conscience et le dernier jugement de Dieu. Le devoir est enfin la plus grande source de bonheur, dans l'enfance, dans la famille, dans la patrie, dans la vieillesse.

On voit par ce cadre à quelle hauteur son esprit élevait l'âme et l'esprit de ces enfants, et ce que devaient être des élèves sous un tel maître d'école.

Après Pâques, il voulut revoir une fois encore son cher couvent de Saint-Maximin. Ce nom, lié à celui de Sainte-Madeleine, doit à la plume du Père, d'être sorti de l'oubli où la révolution l'avait enterré. Cela nous met plus à l'aise pour en parler.

Il avait *ramené, comme il le dit, près de la montagne et de la basilique, l'ancienne milice chargée par la Providence d'y veiller jour et nuit ; il avait vu de ses yeux le cloître vide se repeupler, les pompes anciennes reprendre leur harmonie interrompue, le passé sortir de sa tombe avec une jeunesse dont on ne le croyait pas capable* (1). Il voulait revoir cette chère fondation où il avait reconnu un des signes les plus évidents de la main de Dieu sur son œuvre. Il voulait revoir cette jeune et nombreuse famille, espoir de l'avenir, qu'il était allé redemander lui-même, il y avait plus de deux ans, aux montagnes de Châlais, premier berceau du rétablissement de l'Ordre, pour les installer dans des cloîtres plus vastes, plus chers à la piété, plus près aussi des champs de bataille de leurs futurs combats d'Apôtres. Il voulait la revoir, lui dire son affection, lui donner ses derniers conseils et cette unique bénédiction des Patriarches à leurs Benjamins. De longtemps on n'oubliera à Saint-Maximin ces trop courtes instructions du soir, où le Père, entouré d'une couronne blanche de soixante religieux rangés le long des murs de la grande salle du Chapitre, retrouvait pour eux dans son cœur les éclats d'une éloquence qui n'avait plus rien de la terre, les conjurait de redouter les empressements du monde, non ses mépris, et leur révélait dans un langage inspiré l'éternelle beauté de leurs vœux, mariage ineffable entre l'âme et Dieu.

---

(1) Sainte Marie-Madeleine, par le R. P. Lacordaire.

Le 17 juillet, il écrivait à leur Maître des novices :

« Mon très-révérend et bien cher Père, j'ai reçu
» la lettre que vous et vos chers Novices m'avez écrite
» à l'occasion de ma fête, et je m'empresse de vous
» dire combien j'en ai été touché.

» La fondation du couvent de Saint-Maximin est
» assurément l'œuvre capitale de mon second provin-
» cialat, soit en considérant les magnifiques et pieux
» souvenirs qui s'y rattachent, soit en considérant le
» nombre de religieux qu'il peut contenir et qui nous
» a permis de réunir sous un seul Pasteur et sous les
» mêmes lecteurs, tous nos jeunes étudiants dans un
» lieu aussi propice à la santé qu'à la piété. L'esprit
» qui anime cette communauté, et particulièrement
» nos chers Novices profès, nous fait présager pour
» la Province non-seulement un accroissement consi-
» dérable de ses religieux, mais un accroissement de
» vie surnaturelle et d'œuvres apostoliques. Dieu qui,
» au milieu de bien des travers, a béni la résurrection
» de notre Ordre en France, et en a fait comme la
» porte par où les autres Ordres religieux ont passé
» pour s'y rétablir à leur tour, a voulu que les reliques
» de sainte Madeleine, l'une des protectrices de notre
» Ordre, devinssent comme la pierre angulaire de
» notre édifice.

. . . .

» J'ignore ce que Dieu décidera au sujet de ma
» santé et de ma vie : quoi qu'il arrive, je laisserai
» notre chère Province, après vingt-deux ans de

» travaux, véritablement assise sur la grâce manifeste
» de Dieu.....

» Je vous prie de lire cette lettre à vos chers Novi-
» ces , de les remercier de leurs vœux et de leurs
» prières, et de les assurer qu'ils sont sans cesse
» présents à ma pensée comme l'une de mes plus
» grandes consolations. »

La fatigue et l'épuisement augmentaient avec les
semaines et les mois. Avec le mal croissaient aussi
les inquiétudes des amis du Père. Ils obtinrent de
lui qu'il consultât d'autres médecins. Il avait une
parfaite confiance au docteur de l'École, et n'aurait
jamais, de lui-même, demandé ni un remède ni une
consultation extraordinaires. Mais M. Houlès, médecin
de Sorèze, s'était empressé de partager la responsabilité qui pesait sur lui, dans les soins donnés à une
si précieuse santé, en se joignant aux instances faites
par les amis du Père, pour qu'il s'entourât d'autres
lumières. Les médecins consultés conseillèrent un
changement d'air et de régime.

Il dut accepter à Becquigny, dans le département
de la Somme, *une hospitalité bienveillante et respectable*. Quelles que fussent la gravité des motifs, l'in-
sistance de ses amis et la parfaite convenance de
l'hospitalité offerte, il lui en coûtait de quitter les
maisons de son Ordre, et la crainte d'ouvrir une porte
à des habitudes moins sévères, le poursuivait sans
cesse.

Il écrivait à une personne du monde :

« Ce parti décisif me coûte beaucoup, soit à cause
» de Sorèze, soit à cause de l'exemple pour nos reli-
» gieux. Mais je sens ne pouvoir sortir de l'état de
» langueur qui me mine, sans un effort puissant et
» sérieux. S'il ne réussit pas, je m'abandonnerai à la
» grâce de Dieu. »

C'est sous cette impression qu'il annonça à ses
religieux son départ pour Becquigny. Nous demandons qu'on nous permette de citer encore cette lettre
où se révèle l'esprit de la véritable autorité religieuse,
indulgente aux autres, austère pour elle seule.

« Sorèze, 27 avril 1861.

» Mon très-révérend Père, la maladie de langueur
» dont je suis atteint depuis une année, avait paru
» céder avant l'hiver ; les fatigues et l'influence de la
» mauvaise saison lui ont rendu son cours, et les
» médecins estiment comme une chose capitale pour
» le rétablissement de ma santé, un changement
» d'air et de régime qui leur paraît la condition né-
» cessaire au succès de toute médication quelle qu'elle
» soit. Leur pensée est tellement unanime à cet égard
» et si pressante, que ma conscience ne me permet
» pas d'y résister plus longtemps. J'ai dû accepter
» pour quelques mois une hospitalité bienveillante et
» respectable, et j'ai la confiance que cette détermi-
» nation à laquelle je me suis résigné avec la plus
» grande peine, ne sera l'objet d'aucun regret de la

» part de nos Pères. Cette conviction adoucira beau-
» coup pour moi un changement de vie qui m'est
» très-douloureux. J'espère aussi que leurs prières,
» m'accompagnant dans cette sorte d'exil temporaire,
» obtiendront de Dieu le résultat le plus conforme à
» sa sainte volonté et à ses desseins ultérieurs. »

Il partit pour Becquigny au commencement de mai. Il n'y demeura que six semaines. Ce séjour et les soins délicats dont il fut entouré, lui valurent quelque repos : l'appétit semblait revenir. Mais ces bons symptômes durèrent peu. A son passage à Paris, il put consulter le docteur Rayer et le docteur Jousset. Sans être parfaitement d'accord sur la première cause du mal, ils lui reconnurent les mêmes caractères : c'était une inflammation aux entrailles et une anémie ou appauvrissement du sang (1). Le docteur Rayer prescrivit les eaux de Vichy à prendre à Sorèze, sachant combien la vie des établissements de bains déplaisait au Père.

Son retour à Sorèze fut un vrai triomphe. Les habitants de cette petite ville étaient fiers de celui qui les appelait *mes chers concitoyens*. Ils devaient tout à l'Ecole qui devait tout au Père Lacordaire. Une bonne

---

(1) Le Père écrivait de Becquigny, le 7 mai :

« Je ne puis me rendre aujourd'hui à Paris ; je craindrais de dé-
» truire le bon effet déjà produit par l'air de Becquigny et le nouveau
» régime que m'a tracé M. le docteur Jousset. Veuillez lui dire que je
» m'en trouve on ne peut mieux. Déjà les douleurs d'entrailles ont
» disparu, l'appétit augmente, le pouls devient plus fort, la colora-
» tion meilleure, le dégagement des pieds se soutient. »

femme exprimait cela en son naïf langage, le jour des funérailles : « Nous avions un roi à Sorèze, disait- » elle, et il est mort ! »

L'Institut à cheval vint au-devant du Père jusqu'auprès de Revel. Dans une voiture étaient M. le Curé de Sorèze et le R. P. Mourey, sous-directeur de l'Ecole. Le Père était très-pâle et très-fatigué du voyage.

Arrivé sur la promenade, il la trouva remplie d'une grande foule accourue pour le revoir et lui faire honneur. L'Ecole en armes était là ; à sa suite les Sociétés de bienfaisance et de secours mutuels dont il était membre honoraire, l'Asile et les autres œuvres qu'il avait fondées. Un arc de triomphe avait été dressé à la porte de l'Ecole, et, le long du boulevard, des inscriptions, suspendues entre deux mâts, racontaient les principaux événements de la vie du Père Lacordaire.

Il fut reçu à la porte de l'Ecole dite la porte de Castres par les religieux et le corps professoral. Cinq mois après, il suivait le même parcours, accompagné d'une plus grande foule encore. C'était un deuil, mais c'était aussi un triomphe. Beaucoup tombaient à genoux devant son cercueil pour lui demander une dernière bénédiction et lui adresser une prière comme à un saint.

Conduit à la grande salle des fêtes, il remercia, d'une voix altérée, la ville et l'Ecole de cette réception, et promit à ses concitoyens de vivre et de mourir avec eux.

Quelques jours après , il recevait une nouvelle qui l'accablait de tristesse et reportait sa pensée vers cette image de la mort qui s'avançait , grandissant chaque jour à ses yeux. Le R. P. Besson , un de ses premiers compagnons, venait de mourir, victime de sa charité et de son zèle , dans les missions d'Orient.

Le Père épancha sa douleur dans le sein de sa famille, et voulut payer à l'un de ceux qu'il avait le plus aimés , la dette de son cœur dans une lettre à ses religieux dont nous citons quelques passages.

« Sorèze, 21 juin 1861.

» La voix publique vous a déjà fait connaître la
» perte irréparable que notre Province vient de faire
» dans la personne du T. R. P. Besson, pro-préfet
» des Missions apostoliques de Mésopotamie et du
» Kurdistan. Le T. R. P. Besson avait été l'un de mes
» premiers compagnons dans l'Œuvre de la restaura-
» tion de l'Ordre de Saint-Dominique en France, et il
» y avait contribué plus que nul autre par un dévoue-
» ment sans bornes , par une grande aménité de ca-
» ractère, et par une sainteté qui éclata partout où
» il fut appelé, soit en France, soit à Rome, soit à
» Mossoul. On reconnaissait en lui de prime abord
» une âme élevée, un esprit ingénieux et fécond, un
» caractère solide et fidèle, une grande modération
» dans les vues et une parfaite justesse d'esprit.....
» Sa mort prématurée dans les lointains pays de
» l'Orient l'a rejoint à cet ensemble d'esprits d'élite

» et d'âmes dévouées qui ont assis notre résurrection
» sur des tombeaux trop tôt ouverts, je veux dire les
» FF. Réquédat, Piel, Hernscheim et de Saint-Beaus-
» sant. »

Oui, trop tôt ouverts, pour lui surtout qui devait, peu de semaines après, combler notre deuil et leur joie. Ceux qui ont connu le Père Besson comprendront si le Père devait avoir pour cette âme, belle entre les plus belles, une tendresse à part. Il y a quelques jours à peine, à genoux auprès de son lit, nous lui disions : « Père, vous allez bientôt nous quitter... Toute la tristesse est pour nous; mais quelle joie pour ceux de là-haut ! Vous allez revoir tous ceux que vous avez aimés. — » « Oui, dit-il, ils sont déjà nombreux ! » — Je les nommais : Réquédat, Piel, de Saint-Beaussant, le Père Aussant... — Il ajouta : « Et le Père Besson ! » Il dit cela avec un accent qui me pénètre encore. Son œil rayonnait. C'était le patriarche qui, arrivé à l'extrême frontière des deux patries de sa famille partagée, les regarde l'une et l'autre et se console des larmes qui le retiennent par la joie des embrassements qui l'attendent.

Les chaleurs de l'été hâtèrent les progrès de la maladie, et en contrarièrent le traitement. Au mois d'août, la faiblesse augmente, les forces s'épuisent tout à fait; les digestions deviennent plus laborieuses; elles sont plusieurs fois troublées par des syncopes. Le Père ne se lève plus que vers onze heures tous les jours. Lorsqu'il fait beau, il sort en voiture et va revoir encore ces champs, ces vallons, ces fermes dont il sait tous les noms et dont la vue le réjouit.

Dès ce moment, le Père comprit que Dieu lui demandait le sacrifice de sa vie. Çà et là, il est vrai, l'illusion revenait : l'entière énergie de l'âme le trompait parfois sur le dépérissement progressif des forces physiques ; mais lorsqu'il s'interrogeait dans le calme, il voyait juste. Il avait donné sa vie à Dieu, et lui donna aussi sa mort. Il l'offrit pour le bien de son Ordre. Il pratiquait ce qu'il conseillait autrefois aux âmes qu'il dirigeait. « Le premier fondement de toute » œuvre spirituelle, écrivait-il, est un cœur détaché : » j'en ai sans cesse la preuve. Ni naissance, ni fortune, » ni talent, ni génie, rien n'est au-dessus d'un cœur » détaché. »

Le 27 août il donna sa démission de Provincial du grand ordre au Révérendissime Maître général, qui dut se résigner à l'accepter, non sans exprimer à la Province tous ses regrets.

A cette époque aussi commencèrent les visites de ses amis de Paris et de toute la France. Ils furent nombreux. Nous n'en nommerons que quelques-uns :

M. l'abbé Henri Perreyve arriva le premier. Il devait revenir encore une fois et jouir des derniers épanchements de cette amitié qui n'avait pas regardé à l'âge, mais à l'âme, « *car l'âme n'a point d'âge* (1). » L'amitié a ses délicatesses ; nous saurons les respecter ;

______

(1) Sainte Marie-Madeleine, p. 27.

elle a aussi ses dettes ; elle a pour les payer, nous le savons. Attendons.

Le 12 septembre, le Père Lacordaire écrivait :

« J'ai reçu hier de Rome une bien bonne nouvelle :
» le Révérendissime Père Jandel sortait de l'audience
» du Saint-Père à qui il avait fait part de ma ma-
» ladie. Le Saint-Père s'en était montré vivement im-
» pressionné, et avait chargé le Révérendissime
» Maître-général de me transmettre la bénédiction
» apostolique. »

Le 25 septembre, il reçut la visite de M. le comte de Montalembert. Le Père alla au-devant de son ami, qui ne le reconnut pas d'abord. — « Eh bien ! le Père » Lacordaire, où est-il ? » — Le voilà, lui dit le Père Mourey. — Il se jeta en pleurant dans ses bras.

C'était une vieille et forte amitié que celle-là, une amitié de champ de bataille qui datait de 1830, qui avait traversé les bonnes et les mauvaises fortunes, et qui, au soir de la journée, se retrouvait sans une ride au front, sans une blessure au cœur. M. de Montalembert venait revoir une dernière fois dans son ami l'idéale perfection des deux grandes passions de sa vie : les moines et la liberté.

Il décida le Père à écrire des Mémoires. M. de Montalembert quittait Sorèze le 29 septembre, et le lendemain le Père commençait à dicter une *Notice sur le rétablissement en France de l'Ordre des Frères Prêcheurs.* Cette Notice, interrompue par la mort, ne va que jusqu'à l'année 1854. Tous ceux qui liront ce dernier testament de notre Père sauront gré à M. de Montalembert de lui en avoir inspiré la pensée et le courage. Leur reconnaissance cependant attend de lui autre chose encore. Nous prions Dieu d'accorder à l'ami de notre Père assez de vie pour écrire la dernière page de ses *Moines d'Occident*, pour voir la grande figure de saint Bernard suivie de celle du Père Lacordaire, cette autre gloire de la Bourgogne, de la France et des Ordres monastiques.

Le 10 octobre, le Père reçut la visite de M. Foisset, son plus ancien ami. Ils avaient fait ensemble leurs études à Dijon, et depuis s'étaient toujours restés fidèles. Le Père aimait à rappeler, à Sorèze, ce temps d'ardeur au travail et de fièvre pour la science, « *ce temps où il discutait la question des idées innées avec Foisset.* »

Il reçut quelques jours après une autre consolation dans la visite de M. Cartier. Ce nom, pour le Père, était synonyme de dévouement aussi profond que sûr. M. Cartier avait accompagné le Père dans presque tous ses voyages pour le rétablissement de l'Ordre en France. Les jours où le Père prêchait à Notre-Dame, c'était M. Cartier qui l'accompagnait en voiture, et, en descendant de chaire, lui faisait prendre les précautions nécessaires pour conserver sa voix et ses forces. Il était pour lui quelque chose de plus qu'un ami : c'était un *familier ;* aussi le Père l'aimait-il d'une affection toute de famille. Quelques semaines avant sa mort, on lui rappelait cette affection si tendre, si modeste, si semblable à elle-même jusqu'à la

fin ; il leva les bras en disant : « Ah ! Cartier !
» Cartier ! »

Il voulut qu'il assistât à la Messe que l'on disait
dans sa chambre, tout près de son lit. Il l'accom-
pagna dans une des rares promenades en voiture qu'il
faisait encore. Il lui parla beaucoup du Père Besson,
le pressa d'écrire sa vie, entendit l'exposé du plan
que M. Cartier voulait suivre, et lui donna de nouveaux détails sur leur ami commun.

Chaque matin, pendant les trois derniers mois,
on lui disait la sainte Messe dans sa chambre et il y
communiait. Celui qui écrit ces lignes eut plusieurs
fois cette consolation, et il n'oubliera jamais l'expression d'angélique ardeur avec laquelle le Père recevait
son Dieu. Le dernier jour où j'eus ce bonheur, l'office
me frappa. Il disait : « Ce sont des hommes pleins de
» miséricorde : les œuvres de leur piété vivront à ja-
» mais. Tous les biens sont l'héritage de leur posté-
» rité. Les enfants de leurs enfants sont un peu-
» ple saint ; leur race est fidèle à l'alliance divine.
» A cause d'eux leurs enfants demeurent éternelle-
» ment ; leur semence et leur gloire ne périront pas :
» leurs corps reposent en paix dans les tombeaux, et
» leur nom vivra de génération en génération. Que
» les peuples racontent leur sagesse et que l'assem-
» blée des Saints chante leurs louanges (Eccli. 44). »
Il n'y avait pas dans la sainte Écriture de paroles qui
fussent plus en harmonie avec mes pensées et mes
espérances en ce moment.

Plus le mal avançait, plus les prières s'élevaient

vers Dieu ardentes et nombreuses. En France , il y avait peu de communautés religieuses où il n'eût été recommandé, et où on ne priât pour sa guérison. On priait surtout dans toutes les Maisons de l'Ordre.

A Saint-Maximin , les jeunes Novices renouvelaient les saintes extravagances des vieux âges de foi. Les uns se meurtrissaient à monter pieds nus les sentiers rocailleux de la Sainte-Baume pour aller demander à Madeleine un miracle ; les autres passaient les nuits devant le très-saint Sacrement, et, à l'exemple de saint Dominique , les larmes ne leur suffisant pas , mêlaient leur sang à leurs prières , *satisfaisant ainsi, autant qu'ils le pouvaient, cette soif d'immolation qui est la moitié généreuse de l'amour* (1). Tous auraient donné de grand cœur leur vie pour celle de leur Père..... Mais ce n'est pas à nous à dévoiler ces mystérieuses et héroïques conventions de l'amour. Au soir du neuvième jour de ces pieuses folies, tous les religieux allèrent, pieds nus , prendre les reliques de sainte Madeleine, et les porter sur leurs épaules dans les cloîtres et à l'intérieur de la maison. C'était un triste et lugubre spectacle de voir ces longues files de religieux s'avancer, à la lueur des flambeaux , dans les profondeurs des cloîtres, chantant les versets des Psaumes les plus suppliants , s'arrêtant par intervalles, pour élever plus haut leurs plaintes, leurs gémissements, leurs chants. Une grande partie de

______

(1) Vie de saint Dominique par le R. P. Lacordaire, p. 383.

la nuit se passa à ces cérémonies d'un ineffaçable souvenir. On voulait un miracle ; on croyait que Madeleine obtiendrait encore cette fois la résurrection d'un autre Lazare.

Lorsque le Père apprit ce que l'on avait fait à Saint-Maximin pour sa guérison, il s'écria : « O les »pauvres enfants ! mais c'est trop !... c'est trop !... »

Il aimait tant sainte Madeleine ! si elle ne l'a pas guéri, c'est que l'heure était venue où il aurait pu dire comme autrefois le divin Maître à ses disciples : « Il vaut mieux pour vous que je m'en aille ! » Dans une lettre de la fin de 1860, à une des âmes qui l'avaient le plus saintement et le plus profondément aimé, il disait : « Je crois qu'elle (sainte Madeleine) »sera la protectrice des derniers jours de ma vie. » Il ajoutait :

« Je pense souvent à la mort. Je prépare tout pour »laisser notre Ordre dans une bonne situation mo-»rale et financière. Si je venais à mourir, vous »n'abandonneriez pas cette œuvre : elle est la grande »œuvre de ma pauvre vie. Si je dure jusqu'à la fin »de mon provincialat, tout sera réglé, je l'espère, »les dettes payées, nos sept maisons assises, notre »Saint-Maximin devenu comme la citadelle de l'Ordre »en France. Mais si la mort me prenait avant ce »temps, nos pauvres Pères seraient bien embarrassés. »Ils ne savent pas tout ce qu'il m'en coûte pour les »faire vivre et régler leurs affaires. »

Il pensait souvent à la mort un an avant qu'elle vînt le chercher, combien plus dans les derniers temps !

Il pria le religieux qui lui servait de secrétaire, de lui faire une lecture, chaque jour, dans la *Préparation à la mort*, de Bossuet, ou dans l'*Acte d'abandon à Dieu*, du même. La pensée de la mort devait, du reste, lui être familière. Sa grande dévotion était celle de la Passion de Notre-Seigneur Jésus-Christ. On le lui rappelait peu de jours avant sa mort. On lui disait, en lui présentant un crucifix : N'est-ce pas, Père, vous avez toujours aimé Notre-Seigneur crucifié? — Oh! oui... Oh! oui, répondit-il, et il le baisa tendrement. Si ses pénitents ne devaient communier qu'une fois dans la semaine, il voulait que ce fût le vendredi, et presque toujours ses pratiques et ses pénitences sacramentelles se rapportaient à la Passion de Notre-Seigneur. On a déjà cité cette parole qu'il dit en montrant le Christ suspendu devant ses yeux : « Je ne puis le prier, mais je le regarde! (1) »

Il se faisait lire aussi, chaque jour, quelques passages de la sainte Ecriture, particulièrement les Actes des Apôtres, les Epîtres de saint Paul, ou l'Evangile

---

(1) Ce serait ici le lieu de dire comment cet esprit éminemment pratique (Mgr. de La Bouillerie l'a très-justement remarqué) avait su faire pénétrer dans sa vie de religieux, cet amour pour la mort de Jésus-Christ. Mais notre vénération s'y refuse par crainte de mal dire ou de trop dire; ce sera le chapitre de sa vie le plus difficile à écrire, et, chose extraordinaire dans cet homme où tout était surprise, ce qu'il a fait et ce qu'il a écrit de plus beau, est encore ce que les hommes ne pourront jamais savoir. Du haut du ciel il sourit de notre embarras; mais notre culte pour sa mémoire veut encore espérer qu'il n'aura pas emporté dans la tombe le secret d'un langage qui disait tout, mais dans une si parfaite mesure!

selon saint Jean. C'était une pratique à laquelle, pendant sa vie, il manquait rarement. Chaque matin, il lisait, avant son travail, quelques pages de la sainte Ecriture. Un jour, en voyage, on lui faisait admirer un très-beau site, d'où la vue s'étendait au loin : « Oui, cela est bien beau, dit-il ; mais une page » de l'Evangile est plus belle que tout cela ! »

Le dimanche, 20 octobre, s'ouvrait à Toulouse le chapitre provincial qui devait lui donner un successeur. Le premier devoir des Pères, avant d'entrer en séance, fut de se rendre à Sorèze auprès du vénéré malade. Il nous reçut avec sa bonté accoutumée, nous donna sa bénédiction, nous entretint des affaires de l'Ordre et nous parla aussi de lui-même. « Je ne pen- » sais pas vous quitter sitôt..... Dieu me rappelle à » lui..... Il vaut mieux que je m'en aille..... Si j'étais » resté, on aurait pu croire que l'œuvre ne vivait qu'à » cause de l'homme..... Je vous serai plus utile là-haut. » Priez pour moi.....» Les Pères se rendirent ensuite en pèlerinage à Notre-Dame de Prouille et à Avignonet, terre féconde en miracles et chère à la famille dominicaine. Une neuvaine de Messes commença, à la suite de laquelle tous les Pères retournèrent à Sorèze demander une dernière bénédiction pour leur nouveau Provincial, pour chaque Couvent de la Province.

Depuis que la maladie s'était aggravée, le R^{ime} Maître-général avait voulu être tenu régulièrement au courant de l'état du malade. Le 9 octobre, il écrivait de Rome au Frère Seigneur, secrétaire du Père. — « Veuillez lui dire que, dans l'audience que j'ai eue la

» semaine dernière, le Saint-Père m'a demandé avec
» intérêt de nouvelles de sa santé ; et, d'après les
» détails que je lui ai donnés, Sa Sainteté m'a té-
» moigné une affectueuse compassion pour ses souf-
» frances, ajoutant qu'il regardait cette longue ma-
» ladie qui lui laissait toute sa présence d'esprit,
» comme une faveur spéciale de Dieu, qui voulait
» ainsi le préparer plus parfaitement à paraître devant
» lui.

» Dites-lui aussi que bien des fois déjà j'ai eu la
» tentation de partir pour la France, afin d'aller lui
» faire une dernière visite. Mais nous nous trouvons
» dans de telles circonstances que je regarde comme
» un devoir de ne pas quitter mon poste. Assurez-le
» du moins, que je suis bien souvent près de lui par
» la pensée et que je ne cesse de prier pour lui. »

Le 30, il fut pris d'une première crise pendant la
nuit. A ses douleurs d'estomac, rejetant toute nourriture, se joignaient des douleurs rhumatismales à la
jambe qui le faisaient horriblement souffrir. A deux
heures de l'après-midi, le docteur Houlès, le voyant si
faible, dit qu'on pouvait lui donner les derniers Sacrements. Le P. Mourey, son confesseur, l'en prévint.
— « Non, répondit-il, pas encore ; lorsqu'il sera
» temps je vous le dirai. »

En effet, les jours suivants furent meilleurs. Il
reçut alors une troisième bénédiction apostolique du
Saint-Père accompagnée d'une indulgence plénière pour
l'heure de la mort. Il en témoignait sa reconnaissance
et disait : « C'est une bonne chose qu'une indul-

» gence plénière du Pape lorsqu'on va paraître devant
» Dieu ! »

Dans la nuit du 5 au 6 novembre, il eut une nouvelle crise. Les vomissements et les douleurs rhumatismales reparurent plus terribles. Le 6 au matin, il
demanda lui-même au P. Mourey de recevoir l'Extrême-
onction et le saint Viatique. Les Religieux et les Elèves
de l'Institut assistèrent à cette triste cérémonie. Tous
pleuraient. Lui seul, calme au milieu des larmes,
répondait à toutes les prières. Il fit ensuite ses adieux
à ceux qui étaient là. Il bénit les Religieux et les
embrassa tous chacun à son tour. Il embrassa Fré-
déric, son neveu, qui lui représentait sa famille et
qui ne l'avait pas quitté depuis plusieurs jours. Il
voulut embrasser aussi chaque Elève de l'Institut,
lui disant : « Adieu, mon ami, adieu ; c'est pour la
» dernière fois..... Soyons toujours bien sage. »

Dans l'après-midi, M. l'abbé de Lacger, curé de Sorèze et ancien élève de l'Ecole, vint le voir, le remercia de tout le bien qu'il avait fait à la ville, et lui
demanda pour sa paroisse et pour lui une dernière
bénédiction. Bien reconnaissant du zèle et du dévouement que M. le Curé avait montré pour aplanir plusieurs difficultés et mener à bonne fin les œuvres qu'il
avait commencées, il lui dit : « Ah! je m'en vais au
» bon moment ! » le remerciant ainsi de la joie qu'il
lui devait de voir toutes choses comme il les avait
souhaitées.

A deux heures il reçut le saint Viatique. Il re-
commanda au P. Mourey de ne point abandonner

Louis, qui depuis sa maladie était attaché à son service. Il aimait Louis, non comme un serviteur, mais comme un enfant. Il était si touché des moindres choses faites pour lui ! Comment ne l'eût-il pas été d'un dévouement si pur et si invincible ! Depuis vingt jours Louis ne s'était pas mis au lit. Il eut jusqu'à la fin pour son Père des soins d'une délicatesse que l'affection seule pouvait inspirer. « Mon pauvre Louis, » disait-il, il faut nous quitter !.... Dieu le veut ainsi, » il faut se soumettre ! » Lorsque la violence du mal lui arrachait quelques plaintes accompagnées de brusqueries, aussitôt il le regardait tendrement, et lui passant le bras autour du cou, il l'attirait sur son cœur. Il se confessait alors de sa brusquerie devant le premier venu. Le médecin étant entré après un de ces mouvements : « J'ai grand'peine à me retourner, lui » dit-il, et puis, il faut l'avouer, je suis un peu » impatient ! »

Après avoir reçu les derniers Sacrements, il demeura absorbé dans un grand recueillement, interrompu çà et là par quelques paroles à ceux de ses eufants plus intimes qui venaient le voir.

Les Pères de la maison d'Oullins, mandés par le télégraphe, venaient d'arriver. En voyant entrer dans sa chambre les PP. Captier et Mermet qui s'étaient des premiers donnés à l'œuvre du Tiers-Ordre, le Père leur témoigna la joie qu'il avait de les revoir. Il s'entretint assez longuement de la maison d'Oullins avec le R. P. Captier, prieur du collége. Il demandait où en étaient les constructions inachevées, les plantations d'arbres, etc. Cette chère maison d'Oullins avait été le bérceau du Tiers-Ordre enseignant. Il n'avait pu y faire ce qu'il avait fait pour Sorèze. Mais il ne pouvait oublier que la première pensée de l'œuvre était venue de là, que de là aussi lui étaient venus les premiers et les plus intelligents dévouements.

Il bénit aussi avec une grande effusion de cœur M. le docteur Houlès, chrétien sincère autant qu'habile médecin. Tout ce que la science unie aux soins les plus délicats et les plus constants avait pu, ce cœur honnête et dévoué l'avait fait. Le Père était touché de tant de sollicitude, et nous l'avons plusieurs fois entendu en exprimer son étonnement et sa gratitude.

Le Dimanche 10, dans la soirée, il y eut un mieux inattendu. Une lueur d'espoir et de joie reparut sur tous les visages. — Pourtant! si Dieu voulait! lui dis-je, en le baisant au front. — Il fit un signe de doute qui semblait dire : Je ne l'espère pas ! — Le mieux ne pouvait durer ; le Père ne prenant à peu près rien, les forces déclinaient toujours.

Le mercredi 13, il dit une parole qui révéla où étaient ses pensées et son cœur. Une dame de Marseille étant venue le voir, il la bénit, la remercia de tout ce qu'elle avait fait pour Saint-Maximin et la Sainte-Baume, et lui demanda de s'y intéresser toujours. Elle le promit. Il ajouta : Saint-Maximin et la Sainte-Baume, c'est ma dernière pensée!.. — Sainte Madeleine était vraiment la protectrice de la fin de sa vie. Il avait désiré briser avec elle aux pieds de

Jésus-Christ, le frêle mais fidèle vase de ses pensées. Il accomplissait son vœu.

Pendant ces longues heures d'agonie, rien ne troublait son recueillement. Parmi ses enfants, les plus anciens ou les plus près de son cœur entraient de temps en temps dans sa chambre, priaient devant le petit autel de bois, recevaient un regard et se retiraient en silence. Ce regard dut se reposer avec bonheur sur un ami cher entre tous qui venait d'arriver ; c'était M. Barral, l'Emmanuel des *Lettres à un jeune homme*, l'honneur de l'*Ecole de Sorèze* (1), trop digne à tous égards de ce que le Père a écrit et pensé de lui, pour que nous hésitions à le nommer.

A la fin de la semaine, les forces diminuèrent encore, et jusqu'à la crise du 20 au soir. Ce fut la dernière. Depuis deux jours il ne prenait plus rien. Son estomac se refusait à toute nourriture. Il ne parlait presque plus, et lorsqu'il demandait quelque chose, sa parole embarrassée n'était pas toujours comprise. Dieu, par la main de la mort, lui retirait ainsi, peu à peu, les dons magnifiques qu'il lui avait faits, lui laissant toutefois, dans la pleine liberté de son esprit, le mérite de dire à chaque sacrifice nouveau : « Père, que votre volonté se fasse et non la mienne ! » Sa parole qui remuait les multitudes, les soulevait ou les apaisait à son gré, cette parole qui avait le secret des grandes joies de l'éloquence, ce fluide d'un divin magnétisme, qui nous donnait de sa

---

(1) Première Lettre à un Jeune homme, p. 1.

surabondance, nous enivrait de son amour pour la justice, de son indignation contre toutes les lâchetés, ce verbe enflammé qui pénétrait les âmes d'une si ardente émotion, que longtemps après les derniers échos de la voix, ravis encore et sous le charme, on se disait : Jamais homme a-t-il parlé comme cet homme-là? cette parole aujourd'hui balbutiait comme celle d'un petit enfant. Nous éprouvions une sorte d'humiliation mêlée d'effroi, à entendre ces sons inarticulés sortir d'une telle bouche ! Pour lui, toujours calme dans ces ombres de la mort, toujours roi dans ces liens d'esclavage, lorsque par paroles ou par signes il n'avait pu réussir à se faire entendre, il remerciait du regard la bonne volonté impuissante de ceux qui l'entouraient, et rentrait dans son repos.

Le mercredi 20, au soir, il eut une crise, la plus douloureuse, la plus déchirante de toutes, et qui fut aussi la dernière.

Il fut pris de cette angoisse, précurseur d'une mort prochaine, qui jette l'âme dans d'inexprimables tortures. Il se redressa sur son lit, lui qui ne pouvait faire un mouvement sans le secours de Louis. Il voulait parler et on eût dit, aux efforts qu'il faisait, qu'il allait étouffer. Sa respiration, jusque-là assez régulière, devint plus courte et plus bruyante : le dernier combat commençait. Il fut terrible. Nous étions tous là, à genoux, retenant nos sanglots de peur d'accroître sa peine, priant, les yeux fixés sur cette navrante image de notre Père, nous le voyions étendre autour de lui ses bras amaigris, comme un homme qui cherche à se reconnaître dans les ténèbres, ouvrir parfois ses grands yeux qu'il tenait habituellement fermés, promener lentement ses regards sur nous, sur les murs de sa chambre, interroger le ciel, comme si, revenu déjà du rivage de la lumière, il eût peine à s'avouer qu'il était encore sur la rive des ombres. Puis, d'une voix forte et les bras élevés, il s'écria : Mon Dieu ! mon Dieu ! ouvrez-moi ! ouvrez-moi ! Ce fut sa dernière parole pour nous : les autres, les Anges seuls les entendirent. Nos sanglots éclatèrent : un instant après, la voix émue du R. P. Provincial s'éleva au-dessus de nos larmes : les dernières prières commençaient. Le Père attendait cela ; car aussitôt il se laissa retomber sur son lit et sut commander encore à la douleur. Nulle plainte, nul cri n'interrompit notre prière ; il écoutait, recueilli, absorbé en Dieu. Il se frappait la poitrine, et ne pouvant faire le signe de la croix sur son corps, il le faisait sur son cœur. A l'invocation deux fois répétée de saint Dominique, la voix du Prêtre s'éleva plus ferme, plus suppliante. Il était si naturel de penser que saint Dominique était là, près du père de sa nouvelle famille, près de celui qu'il avait sans doute demandé lui-même à Dieu pour lui susciter des enfants de cette vieille terre de France dont il connaissait l'inépuisable fécondité, qu'il était là dans ce pays d'Albi, champ de bataille de ses luttes apostoliques, dans cette même plaine où sa première maison lui fut donnée. Il plaisait ainsi à Dieu de rapprocher dans la mort ceux dont la vie avait eu la même destinée.

Au moment où on lui présenta le crucifix; il le prit, le pressa entre ses mains et fit effort pour le porter à ses lèvres. On dut le lui faire baiser, ses bras lui refusant ce service; puis le Christ resta là sur son cœur. Il le regardait et disait sans doute avec lui : Père ! je remets mon esprit entre vos mains !

Arrivé à cette solennelle parole : « Sors, âme chrétienne, de ce monde ! » le Père provincial s'arrêta. Il hésita, je le conçois; encore que ce ne soit pas un ordre formel du Prêtre, car la mort ne reconnaît d'autre maître que Dieu, cependant il attend souvent que cette parole soit prononcée pour permettre à l'âme de sortir : et s'il est toujours dur à un mortel de dire à une âme de s'en aller, de quitter ce monde, sa famille, son père, sa mère, ses enfants, combien plus dure encore doit être cette parole dans la bouche du fils à son père ! Comment oser dire à un tel père de s'en aller pour ne plus revenir, de quitter ses enfants pour ne les plus revoir ! Pour moi, je me demandais si j'en aurais eu le courage, et si le Prêtre aurait su commander à la douleur de l'enfant.

Les angoisses de l'agonie continuaient; ce n'était pas le râle, la poitrine étant parfaitement saine, c'étaient des étouffements et des gémissements inachevés. On pouvait craindre à chaque secousse de n'avoir plus qu'un cadavre entre les bras. Je fis signe moi-même au Révérend Père Saudreau de ne plus hésiter, et d'une voix lente et grave il dit : *Proficiscere, anima christiana, de hoc mundo.* Qui m'avait donné ce courage ? Où avais-je trouvé la crainte de voir mon Père mourir sans cette parole ? Ah ! c'est qu'elle ne dit pas seulement, Partez ! mais aussi, Venez ! Elle appelle au-devant de cette voyageuse au départ, le Père, le Fils et le Saint-Esprit, les Anges et les Archanges, les Patriarches, les Prophètes, les Apôtres, les Martyrs, les Vierges, tout le rayonnant cortége des Saints. Elle lui souhaite le doux et joyeux accueil du Christ Jésus : *Mitis atque festivus Christi Jesu tibi aspectus appareat.* Avec quel accent le Prêtre disait à cette grande âme : « Allez voir face à face votre Rédempteur, et, toujours présente à ses côtés, contemplez enfin de votre bienheureux regard la très-éclatante Vérité. » Ne lui devait-elle pas, en effet, cette vivante Vérité, à lui qui en avait si éloquemment parlé aux hommes, une plus splendide révélation d'elle-même ?

Les prières étaient terminées : la crise se termina avec elles. Le malade parut s'endormir, non encore du dernier sommeil, mais dans un recueillement plus profond, suprême sursis accordé à l'âme avant de comparaître devant cette justice qui règne dans l'effrayante majesté du mystère.

Il ne sortit plus de cet assoupissement. La nuit se passa ainsi. Vers le matin, les religieux se retirèrent pour prendre quelque repos. Il ne resta près de lui et dans son antichambre que les plus anciens dans l'une et l'autre branche.

A peine si, de temps en temps, on entendait quelque faible gémissement. Le corps n'avait même plus la force de la douleur ; l'âme seule résistait encore.

Le 21, fête de la Présentation de Notre-Dame au Temple, fut le dernier d'une neuvaine faite non-seulement à Sorèze, mais dans tous les couvents de la Province. Ce devait être aussi le jour de sa présentation à Dieu par les mains de Marie. C'était une belle fête pour mourir. Dieu n'exauce pas toujours nos prières dans le sens de nos désirs, mais toujours selon les décrets de son infaillible bonté.

Le Révérend Père Mourey ne quitta presque point le lit du Père. Pour nous, réunis dans l'antichambre pour prier, nous entrions de temps en temps, sans bruit, nous mettions à genoux et nous retirions, heureux d'obtenir encore un regard. La journée se passa ainsi. Le soir, obéissant à l'instinct de cette propreté qu'il aimait à appeler une demi-vertu, il demanda par signe à changer de linge : il voulait comparaître dignement à la mystérieuse entrevue.

Vers neuf heures, il y avait près de lui le Père Mourey et Louis ; dans l'autre chambre, le Père provincial et le Maître des novices de Saint-Maximin. Louis n'entendant plus le bruit de la respiration, approcha la lumière, qu'il avait éloignée pour favoriser le sommeil, et reconnut, le premier, que nous n'avions plus de Père. Peu d'instants auparavant, le Père Mourey avait entendu un faible gémissement, comme il en poussait souvent, et auquel il n'avait pas pris garde : c'était l'âme de notre Père qui s'en allait.

« Le Père vient de mourir ! » Cette parole, qui nous réunit tous au pied du lit, nous trouva presque incrédules. La mort avait hésité si longtemps à frapper cette grande et sainte victime, que nous voulions espérer contre toute espérance. Nous nous penchions sur cette tête chérie ; nous la baisions au front, attendant un regard, cherchant à sentir encore son haleine brûlante. Lorsque notre malheur fut trop certain, on lui ferma les yeux. Le Père provincial abaissa une paupière ; un de ceux qu'il aima davantage abaissa l'autre.

Les prières recommencèrent. Les deux chambres s'étaient remplies : les religieux, les professeurs , M. Barral, les élèves de l'Institut, M. le Curé de Sorèze et son Vicaire étaient là, répondant aux invocations. On récita le Rosaire en entier, cette douce prière que Marie dut entendre, surtout un pareil jour, et dont lui-même avait dit cette parole connue de tous : « L'amour n'a qu'un mot ; en le disant toujours, il ne le répète jamais. »

Quelle scène, mon Dieu ! et comment pourrai-je la rendre ? Je ne l'essaierai même pas. A quoi bon ? ceux qui n'ont vu en lui que le grand orateur, ne trouveraient rien là qui soit digne de sa gloire. Cette mort fut si simple ! Pour ceux qui ont aimé en lui les dons de la grâce au-dessus des dons de la nature, ce n'est pas un tableau qu'ils attendent. Il leur suffit de savoir qu'il est mort, père d'une nombreuse famille, entouré de ses enfants ; homme de génie, ayant ambitionné de cacher sa gloire dans les murs d'un collége, comme dans un sépulcre, sachant qu'elle y serait plus

oubliée encore que dans les murs du cloître (1),
et ayant trouvé là ce qu'il cherchait : la mort dans
la simplicité : *Moriamur in simplicitate nostra.* Il
mourut dans une pauvre cellule , lui qui avait refusé
d'habiter un palais (2); il mourut entouré d'hommes sans nom , lui au-devant duquel les noms les
plus illustres étaient venus, s'honorant de son amitié; il mourut loin de toute gloire, loin des hommes
qui la cherchent même sur les lèvres d'un mourant,
loin des villes qui la donnent même à un cercueil; il mourut dans la pauvreté, l'humilité, la
simplicité, digne, dans sa mort comme dans sa vie,
du Maître qu'il avait choisi, de la croix qu'il avait
tant aimée.

O Père, en choisissant de vivre et de mourir au
milieu de nous, vous nous avez donné beaucoup. Que
vous rendrons-nous? Nous ne vous donnerons pas la
gloire, mais quelque chose qui vaut mieux et dure
plus longtemps. Nous vous avons fait dans nos cœurs
une place où votre mémoire vivra de génération en

---

(1) Il disait de Sorèze : « Il sera le tombeau de ma vie, l'asile de ma
» mort; pour l'une et l'autre un bienfait : *Viventi sepulcrum, morienti*
» *hospitium, utrique beneficium.* »

(2) Après la révolution de 1848, Monseigneur Affre vint proposer au
R. P. Lacordaire de le choisir pour coadjuteur de Paris. Le P. Lacordaire demanda quelques jours pour réfléchir. Puis, il répondit : « L'af-
» faire me paraît si extraordinaire que je ne puis ni refuser ni consentir.
» Je vous laisse agir. » —Les démarches allaient être faites, lorsque
Mgr. Affre fut tué aux barricades du faubourg Saint-Antoine. Ce fait
n'a été connu que d'un très-petit nombre de personnes.

génération, à l'abri des trahisons de la gloire, de l'indifférence et de l'oubli. Nous vous vénérerons et vous aimerons comme un père, nous vous imiterons comme un saint.

Les Anges, en se penchant sur les lèvres du Père pour recevoir son âme, avaient laissé sur sa figure je ne sais quelle expression de joie céleste. Nous ne pouvions en détacher nos regards. Ce n'étaient plus les contractions des dernières angoisses; c'était la sérénité du sommeil, et cette douce majesté que l'ange de la mort laisse aux corps des saints.

Le reste de la nuit fut employé aux préparatifs pour recevoir le Père dans la petite Chapelle des Sœurs, où il devait demeurer exposé le plus long-temps possible. L'humble religieux avait défendu qu'on embaumât son corps : il avait expressément recommandé que son cercueil fût en simple bois de chêne.

Dès que le corps revêtu des habits religieux fut exposé, les Messes commencèrent et se poursuivirent pendant toute la matinée.

Pendant la Messe que célébra le Prieur de Sorèze, le drapeau de l'École, voilé d'un crêpe, demeura incliné vers le corps, et tous les dignitaires du Collége vinrent lui faire toucher leurs insignes, l'un son épée, l'autre le grand-cordon, les autres leurs épaulettes.

Il y avait sept ans, à pareil jour, que le R. P. Lacordaire avait pris solennellement possession de l'École, prononcé un discours, planté et béni un cèdre et rédigé un procès-verbal que tous avaient signé. On se souvenait de cette belle fête au Collége. Et aujourd'hui ces mêmes insignes qu'il avait bénies plein de vie, venaient demander à ses restes sacrés la suprême consécration de la mort.

Ce spectacle nous toucha. Ces jeunes gens avaient donc compris le sacrifice qu'un grand homme leur avait fait de ses dernières années. « Si mon épée s'est » rouillée, Messieurs, c'est à votre service », leur avait-il dit, en les quittant au mois d'août dernier. Si elle s'y était rouillée, je ne sais ; mais elle s'y était brisée.

« La perfection de la vie consiste à s'abdiquer. Le » nombre des hommes qui s'abdiquent réellement et » totalement est très-petit. Tout homme qui s'abdi- » que, ne sût-il faire qu'un vulgaire métier, je l'estime » un grand homme. » C'est lui qui avait dit cela. Il avait mieux fait que le dire, il l'avait réalisé.

Toute sa vie est là. Ceux qui en doutent encore le verront bientôt clairement, lorsque son histoire, sa vie sera mieux connue.

Ce qui l'avait conduit à Sorèze et l'y avait retenu sept ans, c'était sans doute le désir de couronner l'œuvre de sa vie par la fondation d'un Ordre ensei- gnant ; mais c'était aussi (j'en prends à témoins ceux qui l'ont connu plus intimement et qui ont vu de leurs yeux jusqu'à quel héroïsme il poussait l'amour des abaissements), c'était, dis-je, aussi l'instinct qu'il y vivrait plus caché, et qu'en achevant sa carrière au milieu des enfants, il serait plus libre pour se re- cueillir et se préparer. Il est vrai, le sacrifice inspiré par l'amour avait été bien vite aussi récompensé par l'amour. Il se plaisait à Sorèze ; il avait pour ce coin de terre une préférence de cœur qui eût pu causer quelque ombre de jalousie à ses autres Maisons, si la loi de l'affection n'était encore de s'abdiquer dans l'unité des mêmes pensées, des mêmes sentiments. « Il aimait » ces champs et ces vallons sans gloire pour l'étranger, » mais chers aux fils de Sorèze, et plus chers à moi » qu'à vous tous, parce que j'y portais l'âme d'un » père dans des solitudes que vous remplissiez (1). » Il aimait ces jeunes gens, et lorsqu'on tentait de l'entraîner ailleurs pour quelque affaire, prédication ou visite : « Je ne puis quitter Sorèze, répondait-il ; j'ai » mes jeunes gens à confesser.» Il confessait, en effet, presque tous les plus grands. Il leur disait à la fin d'une année : « Les jours heureux dans la vie sont » rares ; Messieurs, je vous remercie, vous m'avez fait » une année heureuse. »

Ces jeunes gens aussi l'aimaient. Ceux qui ont vu l'Ecole en ces jours de deuil, et combien ces enfants se sont honorés par leur tristesse, leur recueillement et leurs larmes, auront une idée de leur affection pour celui qu'ils appelaient comme nous, *le Père*. Ah ! ils apprécieront mieux encore aujourd'hui le don que Dieu leur avait fait et tout ce qu'ils ont perdu en le perdant. Merci, chers jeunes gens, d'avoir pleuré sur son corps. Au nom de sa famille selon la chair, et de sa famille religieuse, au nom de ses amis, j'oserai dire au nom de la France, merci !

---

(1) Première Lettre à un Jeune homme.

Dieu aussi s'était plu à récompenser ces sept années d'un travail aussi humble que fécond. Non–seulement, tout en restant à Sorèze, le Père Lacordaire avait pu diriger le grand Ordre et mettre la dernière main à l'organisation de la Province ; non–seulement l'Ecole avait tellement prospéré sous sa direction qu'après l'avoir prise à 120 Elèves, il la laissait à 300, et que cette année même on était obligé d'en refuser une trentaine par insuffisance de local, mais encore le Tiers-Ordre pour l'enseignement, l'œuvre de ses derniers jours, celle où son génie créateur s'était développé plus à l'aise ; le Tiers-Ordre était fondé, et il avait pu en mourant reposer son regard sur cette nombreuse couronne de jeunes religieux qui s'étaient associés à sa pensée, à ses labeurs, à ses espérances. *Il mourait au bon moment*, pouvait-il répéter, car il laissait à d'autres la joie de recueillir là où il avait semé, et lui, il s'en allait, content de sa journée, sûr de l'avenir, se reposer en Dieu.

Pendant les trois jours où il resta exposé, l'affluence des visiteurs fut considérable. On venait de Revel, de Castres et de toutes les campagnes voisines contempler encore une fois cette grande et belle figure du plus illustre Directeur qu'aît eu et qu'aura jamais cette illustre Ecole. On le regardait longtemps, car l'admiration, après sa mort comme pendant sa vie, était le premier sentiment dont on était saisi en l'approchant. Puis on tombait à genoux et on priait, plus souvent pour se recommander à son crédit que pour intéresser la bonté de Dieu en sa faveur. On lui faisait toucher des objets pieux. Tout le jour plusieurs Religieux étaient occupés à satisfaire cette vénération. C'étaient pour la plupart des gens simples de la campagne qui venaient, sans y penser, rendre le plus touchant hommage à la mémoire de celui qui avait tant aimé les pauvres !

Le lundi 25, à dix heures du matin, il fallut se décider à le dérober aux regards, à l'affection de ses enfants, à la vénération de tous, et le déposer dans son cercueil de bois. Ce fut une heure déchirante entre toutes. Nous le baisions aux pieds, aux mains et sur le front : c'était pour la dernière fois. Soutenu sur les bras de ses enfants, il descendit dans le lit de son suprême repos. Penchés sur son cercueil, nous l'inondions de nos larmes : c'était le seul parfum dont il n'avait pu nous défendre de l'embaumer. Ce fut au milieu de nouvelles prières, de nouveaux sanglots que les ouvriers achevèrent de le cacher à nos yeux. La terre nous le reprenait peu à peu et nous avertissait de ne plus le chercher qu'au ciel.

Le cercueil fermé fut replacé sur la petite estrade, recouvert du drap mortuaire, et jusqu'à l'heure des funérailles, le jour et la nuit, des Religieux veillèrent et prièrent près du corps.

Le jeudi 28, nous conduisîmes notre Père à sa dernière demeure. Nous ne dirons pas les détails de ces obsèques : les feuilles publiques les ont donnés. Et puis, nous l'avouons, le deuil de cette journée domine, écrase en nous tout autre sentiment, et ne nous laisse aucun goût pour des descriptions de cortége, pour des énumérations de bannières et de confréries. La manifestation de la douleur publique dépassa toute attente, il y aurait injustice à ne le pas reconnaître, ingratitude à s'y montrer indifférent. On a fait beaucoup trop pour honorer la mémoire d'un pauvre Religieux, mais que pouvait-on faire pour combler dans nos cœurs le vide de cette mort! Sorèze, le lendemain, avait repris sa physionomie accoutumée ; nous, le lendemain, nous quittions ce village, emportant en nous une blessure qui ne devait plus se fermer : elle est là encore toute vive ; elle y sera toujours.

Ce que nous avons vu dans cette grande manifestation, ce qui nous a touché, ce que nous pouvons et voulons dire : c'est le recueillement de la foule, c'est la douleur des visages, ce sont les larmes dans les yeux de plusieurs, ce sont des exclamations comme celles-ci : « C'était un saint ! pourquoi Dieu n'a-t-il » pas demandé, à chacun de nous, deux ans de sa » vie pour lui en faire une bien longue ? »

Mgr l'Archevêque d'Albi, retenu par une douloureuse maladie, était remplacé par Mgr Desprez, Archevêque de Toulouse, qui officia et fit l'absoute. Mgr de Perpignan, également malade, s'était fait représenter par un de MM. ses Vicaires généraux. A l'issue de la Messe, Mgr de La Bouillerie, Evêque de Carcassonne, prononça l'Eloge funèbre du Père. Tout le monde voudra lire le discours : ce que tout le monde n'entendra pas, ce sont les accents de cette voix qui remuait l'âme dans ses profondeurs, et s'est élevée souvent jusqu'à la plus sublime éloquence. Ces paroles ne sont pas de celles qui se payent par une formule de louanges vulgaires. Le cœur seul se charge des dettes du cœur. Ce que nous tenons à dire, c'est que Mgr de La Bouillerie n'a si bien réussi à faire comprendre, admirer et aimer le R. P. Lacordaire, que parce que, mieux que tout autre, il était fait pour le comprendre, l'admirer et l'aimer.

La cérémonie avait commencé à dix heures; à deux heures tout était fini !.....

O Père! non, tout n'était pas fini. Vous n'êtes plus au milieu de vos enfants : chaque heure qui vous éloigne de nous, accroît dans nos âmes la solitude et la désolation. Mais il nous reste de vous des exemples, et nous voulons les suivre; des promesses de ne nous point abandonner, et nous savons que vous les tiendrez. Il nous reste la conviction de votre présence au milieu de nous, la conviction que la mort ne nous a ravi qu'une partie de vous-même, la moindre, la moins noble, et que votre âme, en rentrant dans le sein du Père, s'est rapprochée de nous. Ce Père, en qui vous reposez, n'est pas seulement le lieu des esprits, il en est encore le lien. Il est votre Père et il est le nôtre. Il vous aime et il nous aime, au même titre et du même amour. Que peut le tombeau à cette foi qui est votre éternelle vie et la nôtre ?

Laissez-moi donc, ô Père, vous redire ces grandes et consolantes paroles, par lesquelles, il y a peu de temps encore, vous prophétisiez et votre mort et votre survivance : « *Vado ad Patrem ;* J'ai un Père, et j'y » vais ! J'ai un tombeau..... et je n'y vais pas, car au— » delà de mon tombeau, est l'éternité qui m'attend et » mon Père qui m'appelle : *Vado ad Patrem !*..... »

PROPRIÉTÉ.

Droit de reproduction et de traduction réservé.

Toulouse, Imprimerie de CHARLES DOULADOURE.